사진찍은이_ 백승휴

오 정 순

무죄

애지시선 102

무죄

2021년 9월 25일 초판 1쇄 발행

지은이 오정순
펴낸이 윤영진
기획편집 함순례
홍 보 한천규
펴낸곳 도서출판 애지
등록 제 2005-000005호
주소 34570 대전광역시 동구 대전천북로 12
전화 042 637 9942
팩스 042 635 9941
전자우편 ejiweb@hanmail.net
ⓒ오정순 2021
ISBN 979-11-91719-02-4 03810
* 저자와의 협의에 의해 인지를 생략합니다.
* 이 책 내용의 전부 또는 일부를 재사용하려면 저자와 애지 양측의
  동의를 받아야 합니다.

예지시선 102

무죄
오정순 디카시집

시인의 말

　수필 작업을 하면서 내내 디카시 창작 마인드로 산문을 썼다. 그래서인지 긴 시 같다고 하거나 시를 쓰라는 권유를 많이 받았다. 내 나름의 형식미를 개발하여 사진과 짧은 글을 엮은 한 장의 글판을 만들어, 17년간 아파트 전 엘리베이터에 일주일에 한 편의 글을 올려 가까운 이웃과 글로 소통했다. 일찍이 이 시대의 소통법을 감각으로 알았던 거였다.

　어느 날 디카시라는 장르가 내게 왔을 때부터 나는 준비된 사람처럼 디카시 창작에 몰입했다. 팬데믹 시기를 지나는 동안 힘드는 줄 모르고 대상과 밀착해 관찰하고, 사진을 찍고, 깨달음을 얻었다. 때로는 가치 전복이 일어나 신선했다.

디카시는 일상의 백신이 되어 나를 유쾌하게 했다. 아직도 끝나지 않은 팬데믹 굴 속을 지나는데, 국제한글디카시 공모전에서 대상을 안겨주어 확실한 백신 역할을 해준다.

디카시인은 '원목'에서 '도자기' 사이를 오가는 방랑인일지라도 내게 맞는 옷을 입은 듯 유쾌하고 작업이 즐겁다. 나눔의 과정이 원활하여 세상과 공유하기가 좋다. 디카시가 나를 행복하게 한다.

2021년 청담공원의 숲 향이 스미는 서재에서
오정순

■ 차례

시인의 말 004

제1부

무죄 012
봄날의 자화상 014
우듬지에 서다 016
직진의 방식 018
창 너머 세상을 보다 020
꽃을 든 소년 022
동심 024
궤적 026
시인의 부엌 028
환상통 030
표리 동일을 꿈꾸다 032
도시의 섬 034
물의 나이테 036
가을맞이 038

제2부

지금 눈 내리는 이유 042

불꽃 044

마블링 046

떠나보내기 048

아버지 흔적 050

가면 052

제비꽃 오다 054

꽃비 내리면 056

갈등 058

웨딩 드레스 060

엄마는 062

진실 캐기 064

유리벽 청춘 066

이별 후 068

제3부

소상공인 072
출구를 찾다 074
그리움 076
운명의 시간 078
쓰레기 080
열린 마음 082
솔로 084
어머니의 목 086
산당화 088
애환 090
담쟁이덩굴 순 092
봉은사 바위 094
보이스 피싱 096
기쁜 소식 098

제4부

하얀 귀 102
봄 강에서 104
다중적 심상 106
연륜 108
밤 벚꽃 110
이력서 112
교복 114
인연 116
자본주의 118
등의 힘 120
시각 차 122
지혜교 124
어떤 눈의 말 126

제1부

무죄

아가, 마스크 내리면 안 되는 것 알지?
예, 눈 맛이 어떤지 알고 싶었어요

* 제4회 '경남 고성 국제한글디카시공모전' 대상작

봄날의 자화상

거리에서 만난 그대

봄비가 닿았는가

눈물이 앞을 흐리는가

선명하지 않아서 더욱 나다운

우듬지에 서다

그 자리를 자랑삼지는 말게나

빌린 키로 산다는 건

잠깐이라네

직진의 방식

나는 네 곁에 항상 있었고
너도 내 곁에 항상 있었네

나아갈 길 살피고
지나온 길 뒤돌아보느라
곁에 있어도 알아보지 못한 사랑

창 너머 세상을 보다

담 쌓고 살았다고
담 너머 세계가 없어진 것 아니다

보이지 않을 뿐
욕구는 푸릇 푸릇 자라고 있다

꽃을 든 소년

자목련 한 송이 집어든 소년에게 물었다
왜 자꾸 그 길로 가느냐고

꽃이 너무나 예뻐서 또 있나 보려고요

아홉 살 추억이 소년의 손에 들려있다

동심

아이고 깨를 그리 많이 뿌리나

짜장면에 달 떴으니 은하수도 만들어야지요

별 맛이 고소해요

궤적

수많은 흔적이 지나갔지만
모두 잠상이었다

까만 캔버스 위에
고무 롤러 지날 때마다
수시로 변하는 판화 한 점

시인의 부엌

밥만 짓고 살 수 없지

시를 지어 소통의 창에 걸고
마음과 등 뒤의 세월도 보아가며
생명을 노래하지

환상통

봄바람에 햇잎 낭창거리는데

잘린 가지 끝에선 눈물이 흐른다

흔들리고 싶은데 흔들릴 팔이 없다

왜 이리 없어진 그 자리가 아리고 쑤시는가

표리 동일을 꿈꾸다

까도 까도

썩은 게 나오는 세상

그래도 너는

푸르름을 키우고 있구나

도시의 섬

다도해의 마지막 무인도

주상절리형 아파트 지으며

차곡차곡 섬을 쌓는다

눈을 삼키며 넘실대는 초록빛 바닷물

망치소리 클랙슨 소리에 맞추어 파도 춤을 춘다

물의 나이테

퐁퐁 솟을 때마다 나이테 하나
하루살이보다 짧은 명의 기록

사라지는 역사 읽기 어려워
하얗게 질리는 철쭉

저 물은 제 나이 알고나 있을까

가을맞이

귀뚜라미, 방울벌레 노래하라고
에키네시아 마이크 세워 두었다

자동차 소리보다 크게 울려 퍼지라고

제2부

지금 눈 내리는 이유

거기 목마른 시인 하나 있어

하늘의 시어 창고 문 열었다

눈 눈 눈 노래 불러

감각의 눈 뜨고 시 쓰라고

한꺼번에 쏟아지고 있다

불꽃

가을비에 젖는 나뭇잎

내 안에 들어와

꺼질 줄 모르네

마블링

부부 사이에 오르가즘이 없다면

예술가에게 카타르시스가 없다면

사는 게 얼마나 팍팍하겠는가

살과 살 사이에 지방이 없는 고기처럼

삶과 맛에는 마블링이 필요하다

떠나보내기

인연 아니면 날려버리게

흔적 남기 전에

질척대기 전에

낭만 생각하다 쌀 배달 힘들다네

아버지 흔적

말년에 사군자 벗 삼던 아버지는
자주 난을 치셨다

낚시 다니다가 보아 두셨을까
여기에도 한 점 쳐 두셨네

가면

추장 권위 세우려다 목 아프겠다

가면 벗고 민낯 볼 때는 더 마음 아프겠다

제비꽃 오다

진통 없이 오는 생명
어디 있으랴

천둥 번개의 시간 지나고
세 실 찢어 태동한 희열
설마 멍 빛일 줄이야

꽃비 내리면

엄마 품에서는

들큼한 꽃 냄새가 났다

아버지 가시고부터 벚꽃 흩날리면

엄마 오목가슴께서 파스 냄새가 난다

갈등

재건축 아파트 멸실 중이다

디카시 모델 하우스에 반해
야간 작업도 서슴치 않는 요즈음

수필 창작에 바친 30년 세월
재건축할까, 리모델링할까

웨딩 드레스

엄마 어때요

설레고 들뜬 목소리로 묻는 딸에게
곧 날아갈 매미 같다고 말하지 못했지

엄마는

습관대로 살면서

사랑이라 착각하네

무심한 척해도 무심하지 못하는

본능적 보호자라네

진실 캐기

단단히 막아둔 진실, 캐기로 했다
눈물 적셔가며 아파도 참기로 했다

두 번 하지 못할 용기

대면하기 어려운 괴물도 만나고
숨겨둔 보석도 찾아 자유를 누리리라

유리벽 청춘

로데오 거리에서

만난 젊음

돌아갈 수는 없지만

만날 수는 있네

이별 후

엄마다!

떠나온 우리를 보고 있네

눈가에 송글송글 눈물이 맺혔어

제3부

소상공인

그물치고 기다리는 시대는 지났어

오지 않으면 나가서 발로 뛰어야 해

출구를 찾다

보고 듣고 생각한 것
헤아리고 여과하여 내보낸다

흔적 없이 사라지거나
공허하게 부서지지 않는
고뇌의 줄기 하나

그리움

보고 싶고 그리울 때마다

꽃이 되어 타래 지었던가

이사 간 후 처음 만난 날

정 꽃 말 꽃 얼굴 꽃 피고 피어

치렁치렁 늘어졌네

운명의 시간

어떤 힘에 의해 밀려났는데
아, 나에게서 날개가 돋아

물릴 수도 없고
포기할 수도 없어

쓰레기

생기 떠나고부터

우리의 이름이 같아졌어

살아있는 사람도 종종

스스로 이름을 버리곤 해

열린 마음

가만히 들여다 보아도 좋고

노크하고 들어와도 좋고

따뜻한 기운 한 줌 퍼가도 좋소

단 빛을 생산하는 동안만 연다오

솔로

혼자여도 당당하게

내 팔 내가 흔들고 사는 거야

초록이 너도 잘 살고 있어

외로움 필수라는 것, 안 지 오래 되었어

어머니의 목

못다 하신 말씀

목주름에 끼었겠다

산당화

봄이란 작품에 낙관 찍다

인주색이 곱구나

애환

풀었는가

풀렸는가

갈라진 틈으로 자존감은 숨어들고

담쟁이덩굴 순

조심하는 자세 타고나더니

눈물 다루는 법 익히는 중이구나

봉은사 바위

노승의 설법은 간단하다

답은 네 안에 있다
몰라서 묻는 게 아니라
찾기 귀찮아서 묻는 거다

보이스 피싱

대형 먹잇감 되는 건 순간이야

기쁜 소식

어디서 와서 어디로 가는가
오고 가는 데 끝이 없구나

마음 열고 믿음으로 듣는
하늘의 말씀

제4부

하얀 귀

저 귀는 조금 특별하다

말수 적고 사려 깊은 사람을

수다쟁이로 분류한다

속말 듣는 귀

봄 강에서

아버지 몇 마리나 잡으셨어요?
붕어가 다 교회 가고 없더라

세월 가고 아버지의 유머도 따라가고

봄 낚시꾼이 낚아 올린 잉어에서
비늘처럼 덮인 아버지 추억이 파득거린다

다중적 심상

스캔 받아 차곡차곡 저장된 기억

한순간에 튀어나와 현장인 듯 섞인다

노인이 어리광을 부리고 장년이 청년인 듯 착각한다

남은 보아도 본인만 모르는 그 특별한 기억

현대인의 복합 내면이다

연륜

한 층 앞만 보고 올랐지

힘주어 딛기 바빠
세어보지도 못 했어

이느새 내려디보기 끼미득하네

밤 벚꽃

꽃이 기억을 불러내면

대책없이 흔들리는 봄밤

20세 청춘, 카니발 밤이 피어난다

하룻밤 뒤척이며 잠들지 못하게 하는

이력서

신장을 기재하세요

실물 키도 늘려서 사용합니다
지혜, 상상, 통찰의 키 모두 합치면
진천 후 노동력입니다
걱정 말고 뽑아주십시오

교복

똑같아서 좋았고 똑같아서 싫었다
처음 입을 때 좋았고 벗을 때 더 좋았다

세월이 가고 그리워졌다

인연

그대 아니었으면

오르지 못했을 저 길

자본주의

저 은행 바라기 해요

씨앗 잘 익으면

종자를 여기에 맡기려고요

등의 힘

한 생을 등에 지고 여기까지 왔다

코로나 바람쯤 등으로 못 버티랴

화이자 백신 맞은 기억 등짐 지고 가는데

시각 차

나뭇잎 두 장 놓인 자리

길이라 하면 나뭇잎은 쓰레기가 되고

전시장이라 하면 작품이 된다

우리네 인생도 보기에 따라 그렇다

지혜교

트고 이어 다리 놓으며

소통을 꿈꿨다

감정은 물로 흐르게 하고

좋은 생각은 다리 위로 건너가라 하네

어떤 눈의 말

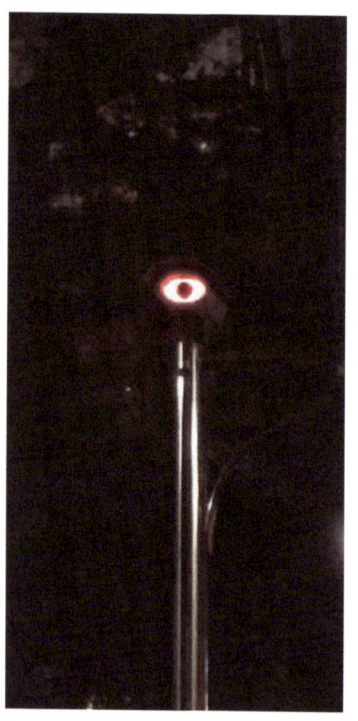

어둠 속에 한 빛이 말한다
침묵도 말이라고

자신을 거짓 되게 보이면
시는 죽는다고
왜 쓰는가 물으면서 가라고

애지시선

002 붉디 붉은 호랑이   장석주 시집
003 붉은 사하라   김수우 시집
004 자전거 도둑   신현정 시집
005 정비공장 장미꽃   엄재국 시집
006 기차를 놓치다   손세실리아 시집
007 바람의 목례   김수열 시집
008 그리운 연어   박이화 시집
009 뜨거운 발   함순례 시집
010 정오의 순례   이기철 시집
011 그 남자의 손   정낙추 시집
012 즐거운 세탁   박영희 시집
013 구룡포로 간다   권선희 시집
014 좋은 날에 우는 사람   조재도 시집
015 여수의 잠   김열 시집
016 축제   김해자 시집
017 뜻밖에   박제영 시집
018 꽃들이 딸꾹   신정민 시집
019 안개부족   박미라 시집
020 아배 생각   안상학 시집
021 검은 꽃밭   윤은경 시집
022 숲에 들다   박두규 시집
023 물가죽 북   문신 시집
024 마늘 촛불   복효근 시집
025 어처구니 사랑   조동례 시집
026 소주 한 잔   차승호 시집
027 기찬 날   표성배 시집
028 물집   정군칠 시집
029 간절한 문장   서영식 시집
030 고장 난 아침   박남희 시집
031 하루만 더   고종식 시집
032 몸꽃   이종암 시집
033 허공에 지은 집   권정우 시집
034 수작   김나영 시집
035 나는 열 개의 눈동자를 가졌다   손병걸 시집
036 별을 의심하다   오인태 시집
037 생강 발가락   권덕하 시집
038 피의 고현학   이민호 시집
039 사람의 무늬   박일만 시집
040 기울어짐에 대하여   문숙 시집
041 노끈   이성목 시집
042 지독한 초록   권자미 시집
043 비데의 꿈은 분수다   정덕재 시집
044 글러브 중독자   마경덕 시집
045 허공의 깊이   한양명 시집
046 둥근 진동   조성국 시집
047 푸른 징조   김길녀 시집
048 지는 싸움   박일환 시집
049 아무나 회사원, 그밖에 여러분   유현아 시집
050 바닷가 부족들   김만수 시집